EL MEJOR LIBRO DE COCINA PARA HORNOS HALÓGENOS

Mejora tu juego de cocina con la experiencia halógena definitiva

nicole joven

Material con derechos de autor ©2024

Reservados todos los derechos

Ninguna parte de este libro puede usarse ni transmitirse de ninguna forma ni por ningún medio sin el debido consentimiento por escrito del editor y del propietario de los derechos de autor, excepto las breves citas utilizadas en una reseña. Este libro no debe considerarse un sustituto del asesoramiento médico, legal o de otro tipo profesional.

TABLA DE CONTENIDO

TABLA DE CONTENIDO..3
INTRODUCCIÓN..8
DESAYUNO...10
1. FRITTATA DE PATATAS Y TOCINO..11
2. DESAYUNO ARÁNDANO MELOCOTÓN CRUJIENTE.................14
3. MAGDALENAS DE LIMÓN Y ARÁNDANOS...............................17
4. TORTILLA DE VERDURAS...19
5. PANQUEQUES DE ARÁNDANO...21
6. BURRITOS DE DESAYUNO CON HORNO HALÓGENO............23
7. LA CANELA TOSTADA FRANCESA..25
8. QUESADILLAS DE DESAYUNO...27
9. MUFFINS DE HUEVO Y TOCINO..29
10. MUFFINS DE NUEZ Y PLATANO...31
11. FRITTATA DE ESPINACAS Y QUESO FETA.............................33
12. TAZÓN DE BATIDO DE PLÁTANO Y MANTEQUILLA DE MANÍ.....35
13. PIZZA DE DESAYUNO CON HORNO HALÓGENO..................37
14. PUDÍN DE COCO Y CHÍA..39
15. QUICHE DE CHAMPIÑONES Y ESPINACAS............................41
16. TOSTADA DE AGUACATE CON HUEVOS ESCALFADOS.......43
17. TAZÓN DE QUINUA PARA EL DESAYUNO..............................45
18. CALZONE DE DESAYUNO DE SALCHICHA Y QUESO............47
19. WAFFLES DE CALABAZA Y ESPECIAS....................................49
20. PIMIENTOS RELLENOS PARA EL DESAYUNO.......................51

21. QUICHE DE DESAYUNO CON CEREZAS Y ALMENDRAS...............53

22. MUFFINS DE ARÁNDANO Y NARANJA.......................................55

ENTRANTES..57

23. CHAMPIÑONES RELLENOS..58

24. BROCHETAS CAPRESSE..60

25. BROCHETAS DE CAMARONES CON AJO Y HIERBAS................62

26. ESPINACAS Y ALCACHOFA CHAPUZÓN......................................64

27. BRUSCHETTA CON TOMATE Y ALBAHACA................................66

28. POPPERS DE JALAPEÑOS PARA HORNO HALÓGENO...............68

29. BRUSCHETTA DE CHAMPIÑONES...70

30. PAPAS FRITAS CRUJIENTES CON CALABACÍN..........................72

31. BROCHETAS DE CAMARONES CAJÚN...74

32. BRIE AL HORNO CON SALSA DE ARÁNDANOS........................76

33. PATATAS FRITAS CON ALIOLI DE AJO...78

34. JALAPEÑOS RELLENOS CON QUESO CREMA Y TOCINO.............80

35. CHAMPIÑONES PORTOBELLO RELLENOS CAPRESE................82

36. CAMARONES CRUJIENTES AL COCO...84

37. CHAMPIÑONES CON MANTEQUILLA DE AJO...........................86

38. BOCADITOS DE COLIFLOR DE BÚFALO......................................88

39. PALITOS DE MOZZARELLA PARA HORNO HALÓGENO..........90

40. PLATO DE HUMMUS Y VERDURAS...92

41. ESPÁRRAGOS ENVUELTOS EN TOCINO......................................94

42. BRUSCHETTA DE TOMATE SECO Y PESTO.................................96

PLATO PRINCIPAL..98

43. POLLO ASADO CON HIERBAS..99

44. SALMÓN CON ENELDO Y LIMÓN...101

45. POLLO ASADO CON AJO Y LIMÓN.................................103
46. PIMIENTOS RELLENOS VEGETARIANOS............................105
47. SALTEADO DE CARNE Y VERDURAS.................................107
48. LOMO DE CERDO ASADO CON HIERBAS DE LIMÓN................109
49. BROCHETAS DE POLLO Y VERDURAS...............................111
50. LASAÑA DE VERDURAS AL HORNO HALÓGENO....................113
51. GAMBAS AL AJILLO CON LINGUINI................................115
52. PECHUGA DE POLLO RELLENA DE CHAMPIÑONES Y ESPINACAS 117
53. SALMÓN GLASEADO CON MIEL Y MOSTAZA.......................119
54. BERENJENA PARMESANA HORNO HALÓGENO....................121
55. SALTEADO DE POLLO TERIYAKI..................................123
56. PASTA CON CAMARONES Y MANTEQUILLA DE AJO..............125
57. CALABAZA BELLOTA RELLENA CON QUINOA Y GARBANZOS....127
58. BACALAO AL HORNO CON HIERBAS DE LIMÓN...................129
59. PECHUGAS DE POLLO RELLENAS DE ESPINACAS Y FETA........131
60. MUSLOS DE POLLO A LA BARBACOA..............................133
61. CURRY VEGETARIANO DE GARBANZOS...........................135
62. HORNEADO DE SALCHICHAS Y PIMIENTOS.......................137
63. CHULETAS DE CORDERO CON ROMERO Y AJO...................139
64. SALTEADO DE CAMARONES Y BRÓCOLI...........................141
65. KUFTETA BÚLGARA ASADA.......................................143
66. RISOTTO DE CALABAZA Y SALVIA................................145
67. MUSLOS DE POLLO GLASEADOS CON MIEL Y SÉSAMO...........147
68. PIMIENTOS RELLENOS DE PAVO MOLIDO Y QUINUA.............149
GUARNICIÓN..151

69. VERDURAS ASADAS...152

70. PATATAS ASADAS...154

71. SOUFFLÉ DE QUESO AL HORNO HALÓGENO..........................156

72. PURÉ DE PAPA AL AJO ROSTIZADO..................................159

73. COLES DE BRUSELAS ASADAS CON AJO Y PARMESANO...........161

74. DIP CREMOSO DE ESPINACAS Y ALCACHOFAS.....................163

75. ZANAHORIAS ASADAS CON HIERBAS................................165

76. PATATAS FRITAS AL HORNO DULCES................................167

77. PILAF DE QUINUA Y VERDURAS.....................................169

78. CAZUELA DE BRÓCOLI AL HORNO CON QUESO...................171

79. GRATINADO DE COLIFLOR Y QUESO................................173

80. PATATAS ASADAS CON AJO Y HIERBAS............................175

81. ESPÁRRAGOS AL HORNO CON PARMESANO......................177

82. ZANAHORIAS GLACEADAS CON MIEL...............................179

83. CALABAZA ASADA CON GLASEADO DE ARCE.....................181

84. MAZORCA DE MAÍZ ASADA CON MANTEQUILLA DE CHILE Y LIMA 183

POSTRE..185

85. PUDÍN DE MERMELADA DE PAN Y MANTEQUILLA................186

86. PAVLOVA DE FRAMBUESA, ARÁNDANOS Y MORAS...............189

87. PASTEL DE ZANAHORIA Y PLÁTANO AL HORNO HALÓGENO....192

88. MINI BAYAS DESMENUZADAS.......................................195

89. PASTELES DE LAVA DE CHOCOLATE................................197

90. BUDÍN DE PAN CON MANZANA Y CANELA........................199

91. ZAPATERO DE MELOCOTÓN CON HORNO HALÓGENO...........201

92. PAN DE PLÁTANO Y NUEZ..203

93. HORNO HALÓGENO BROWNIE DE NUEZ..................................205

94. CLAFOUTIS DE CEREZA Y ALMENDRA................................208

95. PUDÍN DE PAN CON CALABAZA Y ESPECIAS........................210

96. BARRAS DE LIMÓN Y FRAMBUESA....................................212

97. FRESAS BAÑADAS EN CHOCOLATE...................................214

98. PASTEL DE CAFÉ CON COBERTURA DE STREUSEL...................216

99. TARTA DE CHOCOLATE CON FRAMBUESA Y HORNO HALÓGENO 219

100. PUDIN DE ARROZ CON COCO..221

CONCLUSIÓN...223

INTRODUCCIÓN

Ingrese al mundo de la cocina versátil y eficiente con "El libro de cocina definitivo para hornos halógenos", donde la innovación se une a la excelencia culinaria para mejorar su juego de cocina. Este libro de cocina es su guía para aprovechar todo el potencial del horno halógeno, una maravilla de la cocina que combina velocidad, eficiencia y precisión. Con una colección de recetas cuidadosamente seleccionadas, únase a nosotros en un viaje para transformar ingredientes cotidianos en platos extraordinarios y experimente la mejor experiencia de cocina halógena.

Imagine la comodidad de un horno compacto que se precalienta en segundos, cocina de manera uniforme y ofrece una variedad de métodos de cocción. "El libro de cocina definitivo para hornos halógenos" no es sólo una colección de recetas; es una exploración de las infinitas posibilidades que conlleva aprovechar el poder de la tecnología halógena. Ya sea que sea un cocinero casero ocupado que busca optimizar la preparación de comidas o un chef aventurero ansioso por experimentar con nuevas técnicas, estas recetas están diseñadas para aprovechar al máximo su horno halógeno.

Desde suculentos asados hasta crujientes aperitivos, y desde delicados postres hasta maravillas en una sola olla, cada receta es una celebración de la eficiencia y versatilidad que el horno halógeno aporta a su cocina. Ya sea que esté organizando una cena, preparando comidas entre semana o simplemente buscando optimizar su experiencia culinaria, este libro de cocina es su recurso de referencia para dominar el arte de la cocina halógena.

Únase a nosotros mientras nos adentramos en el innovador mundo del horno halógeno, donde cada plato es un testimonio de la velocidad, precisión y delicia que definen esta maravilla de la cocina moderna. Entonces, precalienta tu horno halógeno, reúne tus ingredientes y mejoremos tu juego de cocina con "El libro de cocina definitivo para hornos halógenos".

DESAYUNO

1. Frittata de patatas y tocino

INGREDIENTES:
- 2 rebanadas de tocino, picado
- 1 cucharada de aceite de oliva
- ½ cebolla, cortada en rodajas finas
- 1 papa dorada grande, cortada en cubos de ½ pulgada
- Sal y pimienta al gusto
- 6 huevos grandes
- ½ taza de queso parmesano rallado

INSTRUCCIONES:
a) Coloque las rebanadas de tocino picadas en una sartén antiadherente grande. Cocine a fuego medio-alto durante 5 minutos o hasta que el tocino esté cocido y crujiente. Mueve el tocino a un plato pequeño.

b) Agrega aceite de oliva a la sartén, luego agrega la cebolla y la papa. Condimentar con sal y pimienta. Saltee durante 10-12 minutos o hasta que las patatas estén tiernas.

c) Retire del fuego y coloque el tocino, las patatas y la cebolla en la fuente para horno engrasada.

d) Precaliente su horno halógeno a 350 °F (ajuste según sea necesario según la configuración de su horno).

e) Batir los huevos, el parmesano y una pizca de sal y pimienta en un bol. Vierta la mezcla de huevo sobre el tocino, las patatas y la cebolla en la fuente para horno.

f) Coloque la fuente para hornear en la rejilla inferior del horno halógeno.

g) Configure el cronómetro en 15 minutos y controle el progreso de la frittata. Ajuste el tiempo si es necesario, ya que los hornos halógenos cocinan más rápido.
h) Retirar cuando la frittata esté cuajada y tenga la parte superior dorada. Déjelo enfriar durante 10 minutos antes de cortarlo.

2. Desayuno Arándano Melocotón Crujiente

INGREDIENTES:
INGREDIENTES DEL RELLENO
- 4 tazas de arándanos, frescos o congelados
- 2 tazas de duraznos, rebanados
- 1 cucharadita de extracto de vainilla
- 2 cucharaditas de jugo de limón
- 4 cucharadas de jarabe de arce puro
- 1½ cucharadas de maicena
- Una pizca de sal

INGREDIENTES DEL ADORNO
- 2½ tazas de copos de avena
- 5 cucharadas de harina de almendras (o harina de almendras)
- 1 cucharadita de canela
- 5 cucharadas de jarabe de arce puro
- 3 cucharadas de azúcar de coco (o azúcar moreno)
- 7 cucharadas de aceite de coco, derretido
- 1 taza de almendras rebanadas
- 1 taza de nueces picadas
- ¼ cucharadita de sal
- Artículos necesarios
- Fuente para hornear de 9 x 12 pulgadas.

INSTRUCCIONES:
a) Combine los arándanos, los melocotones, el extracto de vainilla, el jugo de limón, el jarabe de arce, la maicena y la sal en un tazón y revuelva para combinar. Vierta la mezcla en una fuente para

hornear engrasada de 9 x 12 pulgadas adecuada para su horno halógeno.
b) En un recipiente aparte, combine todos los ingredientes de la cobertura y revuelva hasta que se formen grumos. Extienda la cobertura uniformemente sobre la mezcla de frutas en la fuente para hornear.
c) Precaliente su horno halógeno a 350 °F (ajuste según sea necesario según la configuración de su horno).
d) Coloque la fuente para hornear en la rejilla inferior del horno halógeno.
e) Configure el cronómetro durante 1 hora y controle el progreso de la cocción. Ajuste el tiempo si es necesario, ya que los hornos halógenos cocinan más rápido.
f) Retire la corteza crujiente cuando la cobertura esté dorada y la fruta burbujee.
g) Sirva el Breakfast Blueberry Peach Crisp con yogur para el desayuno o helado de vainilla como postre.
h) Nota: Ajuste el tiempo y la temperatura de cocción según el modelo específico de su horno halógeno y su rendimiento de cocción. Vigile la corteza crujiente para evitar que se dore demasiado.

3. Magdalenas de limón y arándanos

INGREDIENTES:
- 2 tazas de harina para todo uso
- 1 taza de azúcar granulada
- 1 cucharada de polvo para hornear
- 1/2 cucharadita de sal
- 1 taza de arándanos frescos
- 1 taza de leche
- 1/2 taza de mantequilla sin sal, derretida
- 2 huevos grandes
- Ralladura y jugo de 1 limón
- Azúcar en polvo para espolvorear

INSTRUCCIONES:
a) Precalienta el horno halógeno a 375°F (190°C).
b) En un tazón grande, mezcle la harina, el azúcar, el polvo para hornear y la sal.
c) En otro bol, mezcle los arándanos, la leche, la mantequilla derretida, los huevos, la ralladura de limón y el jugo de limón.
d) Agregue los ingredientes húmedos a los ingredientes secos y revuelva hasta que estén combinados.
e) Vierta la masa en moldes para muffins y hornee durante 20-25 minutos o hasta que al introducir un palillo éste salga limpio.
f) Espolvoree con azúcar en polvo antes de servir.

4. Tortilla De Verduras

INGREDIENTES:
- 3 huevos
- 1/4 taza de pimientos morrones cortados en cubitos
- 1/4 taza de cebollas picadas
- 1/4 taza de tomates cortados en cubitos
- Sal y pimienta para probar

INSTRUCCIONES:
a) Precalienta el horno halógeno a 375°F (190°C).
b) En un bol batir los huevos y añadir las verduras picadas, sal y pimienta.
c) Vierta la mezcla en una fuente engrasada apta para horno.
d) Cocine en el horno halógeno durante 15-20 minutos o hasta que los huevos estén cuajados.

5. panqueques de arándano

INGREDIENTES:
- 1 taza de harina para todo uso
- 1 cucharada de azúcar
- 1 cucharadita de polvo para hornear
- 1/2 cucharadita de sal
- 1 taza de leche
- 1 huevo
- 1/2 taza de arándanos

INSTRUCCIONES:
a) Precalienta el horno halógeno a 375°F (190°C).
b) En un bol, mezcle la harina, el azúcar, el polvo para hornear y la sal.
c) Agregue la leche y el huevo y revuelva hasta que estén combinados. Incorpora los arándanos.
d) Vierta la masa en una sartén engrasada y cocine en el horno halógeno durante 10 a 12 minutos.

6. Burritos de desayuno con horno halógeno

INGREDIENTES:
- 4 tortillas grandes
- 4 huevos revueltos
- 1 taza de jamón o tocino cocido y cortado en cubitos
- 1/2 taza de queso cheddar rallado
- Salsa y crema agria para servir.

INSTRUCCIONES:
a) Precalienta el horno halógeno a 375°F (190°C).
b) Calienta las tortillas en el horno durante 2 minutos.
c) Rellena cada tortilla con huevos revueltos, jamón o tocino y queso.
d) Enróllelos y colóquelos en el horno halógeno durante 5 minutos más.

7. La canela tostada francesa

INGREDIENTES:
- 4 rebanadas de pan
- 2 huevos
- 1/2 taza de leche
- 1 cucharadita de canela
- 1/2 cucharadita de extracto de vainilla
- Mantequilla para cocinar

INSTRUCCIONES:
a) Precalienta el horno halógeno a 375°F (190°C).
b) En un bol, mezcle los huevos, la leche, la canela y la vainilla.
c) Sumerge cada rebanada de pan en la mezcla, cubriendo ambos lados.
d) Cocine las rodajas en una sartén untada con mantequilla en el horno halógeno durante 3-4 minutos por cada lado.

8. Quesadillas De Desayuno

INGREDIENTES:
- 4 tortillas de harina grandes
- 1 taza de salchicha cocida y desmenuzada
- 1 taza de queso Monterey Jack rallado
- 1/2 taza de pimientos morrones cortados en cubitos
- 1/4 taza de cebollas verdes picadas

INSTRUCCIONES:
a) Precalienta el horno halógeno a 375°F (190°C).
b) Coloque una tortilla en la rejilla del horno.
c) Coloque capas de salchicha, queso, pimientos morrones y cebollas verdes sobre la tortilla.
d) Cubra con otra tortilla y cocine de 5 a 7 minutos o hasta que el queso se derrita.

9. Muffins de huevo y tocino

INGREDIENTES:
- 4 muffins ingleses, partidos
- 4 huevos
- 4 rebanadas de tocino, cocido
- 1 taza de queso cheddar rallado
- Sal y pimienta para probar

INSTRUCCIONES:
a) Precalienta el horno halógeno a 375°F (190°C).
b) Coloque los muffins ingleses en una bandeja para hornear.
c) Rompe un huevo en cada mitad de muffin y sazona con sal y pimienta.
d) Cubra con tocino cocido y queso. Hornee durante 10-12 minutos.

10. muffins de nuez y platano

INGREDIENTES:
- 2 plátanos maduros, triturados
- 1/2 taza de mantequilla derretida
- 1/2 taza de azúcar
- 1 cucharadita de extracto de vainilla
- 1 1/2 tazas de harina para todo uso
- 1 cucharadita de bicarbonato de sodio
- 1/2 taza de nueces picadas (nueces o pecanas)

INSTRUCCIONES:
a) Precalienta el horno halógeno a 375°F (190°C).
b) En un bol, mezcle el puré de plátanos, la mantequilla derretida, el azúcar y la vainilla.
c) Agrega la harina, el bicarbonato de sodio y las nueces. Revuelva hasta que esté combinado.
d) Vierta la masa en moldes para muffins y hornee durante 15 a 18 minutos.

11. Frittata de espinacas y queso feta

INGREDIENTES:
- 6 huevos
- 1 taza de espinacas frescas, picadas
- 1/2 taza de queso feta, desmenuzado
- 1/4 taza de cebollas moradas picadas
- Sal y pimienta para probar

INSTRUCCIONES:
a) Precalienta el horno halógeno a 375°F (190°C).
b) En un tazón, mezcle los huevos, las espinacas, el queso feta y las cebollas moradas.
c) Vierta la mezcla en una fuente para horno engrasada.
d) Hornee en el horno halógeno durante 20-25 minutos o hasta que la frittata esté lista.

12. Tazón de batido de plátano y mantequilla de maní

INGREDIENTES:
- 2 plátanos maduros
- 1/2 taza de mantequilla de maní
- 1 taza de yogur griego
- 1/2 taza de leche
- Toppings: plátanos en rodajas, granola, semillas de chía

INSTRUCCIONES:
a) Precalienta el horno halógeno a 375°F (190°C).
b) En una licuadora, combine los plátanos maduros, la mantequilla de maní, el yogur griego y la leche. Mezclar hasta que esté suave.
c) Vierte el batido en un bol y agrega tus ingredientes favoritos.
d) Coloque el recipiente en el horno halógeno durante 3-5 minutos para que se caliente un poco.

13. Pizza de desayuno con horno halógeno

INGREDIENTES:
- 1 masa para pizza
- 1 taza de salchicha de desayuno cocida
- 4 huevos
- 1 taza de queso mozzarella rallado
- Sal y pimienta para probar

INSTRUCCIONES:
a) Precalienta el horno halógeno a 375°F (190°C).
b) Estire la masa de pizza y colóquela sobre una piedra para pizza o una bandeja para hornear.
c) Unte la salchicha cocida sobre la masa, rompa los huevos encima y espolvoree con queso.
d) Hornee en el horno halógeno durante 12-15 minutos o hasta que la corteza esté dorada y los huevos cocidos.

14. Pudín de coco y chía

INGREDIENTES:
- 1/4 taza de semillas de chía
- 1 taza de leche de coco
- 1 cucharada de miel o jarabe de arce
- 1/2 cucharadita de extracto de vainilla
- Bayas frescas para cubrir

INSTRUCCIONES:
a) Precalienta el horno halógeno a 375°F (190°C).
b) En un bol, mezcle las semillas de chía, la leche de coco, la miel o el jarabe de arce y el extracto de vainilla.
c) Déjalo reposar durante 10 minutos, revolviendo ocasionalmente.
d) Cubra con bayas frescas y colóquelo en el horno halógeno durante 5 minutos para que se caliente.

15. Quiche de champiñones y espinacas

INGREDIENTES:
- 1 base de pastel prefabricada
- 1 taza de champiñones, rebanados
- 2 tazas de espinacas frescas, picadas
- 1 taza de queso suizo rallado
- 4 huevos grandes
- 1 taza de leche
- Sal y pimienta para probar
- nuez moscada para condimentar

INSTRUCCIONES:
a) Precalienta el horno halógeno a 375°F (190°C).
b) Forre un molde para pastel con la base para pastel ya preparada.
c) En una sartén, saltee los champiñones y las espinacas hasta que se ablanden. Extienda la mezcla sobre la base del pastel.
d) En un bol, mezcle los huevos, la leche, la sal, la pimienta y una pizca de nuez moscada. Vierta la mezcla de huevo sobre las verduras.
e) Hornee durante 25-30 minutos o hasta que la quiche esté cuajada y dorada.

16. Tostada De Aguacate Con Huevos Escalfados

INGREDIENTES:
- 2 rebanadas de pan integral
- 1 aguacate maduro
- 2 huevos
- Sal y pimienta para probar
- Ingredientes opcionales: hojuelas de pimiento rojo, tomates cherry

INSTRUCCIONES:
a) Precalienta el horno halógeno a 375°F (190°C).
b) Tuesta las rebanadas de pan en el horno halógeno durante 2-3 minutos.
c) Tritura el aguacate y extiéndelo sobre las tostadas.
d) Escalfar los huevos y colocarlos encima. Condimentar con sal y pimienta.

17. Tazón de quinua para el desayuno

INGREDIENTES:
- 1 taza de quinua cocida
- 1/2 taza de yogur griego
- 1/4 taza de nueces mixtas (almendras, nueces)
- 1/2 taza de bayas mixtas
- chorrito de miel

INSTRUCCIONES:
a) Precalienta el horno halógeno a 375°F (190°C).
b) En un tazón, coloque capas de quinua, yogur griego, nueces mixtas y bayas.
c) Rocíe con miel y caliente en el horno halógeno durante 5 minutos.

18. Calzone De Desayuno De Salchicha Y Queso

INGREDIENTES:
- 1 masa para pizza
- 1/2 taza de salchicha de desayuno cocida y desmenuzada
- 1/2 taza de queso cheddar rallado
- 2 huevos batidos
- Sal y pimienta para probar

INSTRUCCIONES:
a) Precalienta el horno halógeno a 375°F (190°C).
b) Estirar la masa de pizza y rellenar la mitad con salchicha y queso.
c) Dobla la otra mitad, sellando los bordes. Pincelar con huevos batidos.
d) Hornee en el horno halógeno durante 15-18 minutos o hasta que estén dorados.

19. Waffles de calabaza y especias

INGREDIENTES:
- 2 tazas de mezcla para gofres
- 1 taza de leche
- 1/2 taza de puré de calabaza enlatado
- 1 cucharadita de especia de calabaza
- Crema batida y jarabe de arce para cubrir

INSTRUCCIONES:
a) Precalienta el horno halógeno a 375°F (190°C).
b) En un tazón, mezcle la mezcla para gofres, la leche, el puré de calabaza y las especias de calabaza.
c) Vierta la masa en la waflera y cocine según las instrucciones del fabricante.
d) Cubra con crema batida y jarabe de arce antes de servir.

20. Pimientos Rellenos Para El Desayuno

INGREDIENTES:
- 2 pimientos morrones grandes, cortados por la mitad
- 4 huevos
- 1/2 taza de jamón o salchicha cocida en cubitos
- 1/2 taza de queso cheddar rallado
- Sal y pimienta para probar

INSTRUCCIONES:
a) Precalienta el horno halógeno a 375°F (190°C).
b) Coloque las mitades de pimiento morrón en una fuente para horno.
c) Rompe un huevo en cada mitad de pimiento, agrega jamón o salchicha cortado en cubitos y espolvorea con queso.
d) Hornea en el horno halógeno durante 15-20 minutos o hasta que los huevos estén cocidos a tu gusto.

21. Quiche de desayuno con cerezas y almendras

INGREDIENTES:
- 1 base de pastel refrigerada
- 4 huevos
- 1 taza de leche
- 1 taza de cerezas frescas o congeladas, sin hueso y partidas por la mitad
- 1/2 taza de almendras rebanadas
- 1/2 cucharadita de extracto de almendras

INSTRUCCIONES:
a) Precalienta el horno halógeno a 375°F (190°C).
b) Presione la masa de pastel en un molde para pastel.
c) En un bol, mezcle los huevos, la leche, el extracto de almendras, las cerezas y las almendras picadas.
d) Vierta la mezcla en la base del pastel y hornee en el horno halógeno durante 25-30 minutos o hasta que cuaje.

22. Muffins de arándano y naranja

INGREDIENTES:
- 2 tazas de harina para todo uso
- 1 taza de arándanos secos
- 1/2 taza de azúcar
- 1 cucharada de polvo para hornear
- 1/2 cucharadita de sal
- 1 taza de jugo de naranja
- 1/2 taza de mantequilla derretida
- 2 huevos

INSTRUCCIONES:
a) Precalienta el horno halógeno a 375°F (190°C).
b) En un bol, mezcle la harina, el azúcar, el polvo para hornear y la sal.
c) En otro tazón, mezcle el jugo de naranja, la mantequilla derretida y los huevos.
d) Combine los ingredientes húmedos y secos, agregue los arándanos y vierta la masa en moldes para muffins. Hornee durante 15-18 minutos.

ENTRANTES

23. Champiñones rellenos

INGREDIENTES:
- 12 champiñones grandes, limpios y sin tallos
- 1/2 taza de queso crema
- 1/4 taza de queso parmesano rallado
- 2 dientes de ajo, picados
- 2 cucharadas de pan rallado
- Sal y pimienta para probar
- Perejil fresco para decorar

INSTRUCCIONES:
a) Precalienta el horno halógeno a 375°F (190°C).
b) En un bol, mezcle el queso crema, el parmesano, el ajo picado, el pan rallado, la sal y la pimienta.
c) Rellena cada cabeza de champiñón con la mezcla.
d) Coloca los champiñones rellenos en el horno halógeno y hornea durante 12-15 minutos hasta que estén dorados.

24. Brochetas Capresse

INGREDIENTES:
- tomates cherry
- Bolas de mozzarella fresca
- hojas de albahaca fresca
- glaseado balsámico
- Aceite de oliva
- Sal y pimienta para probar

INSTRUCCIONES:
a) Precalienta el horno halógeno a 375°F (190°C).
b) Ensarte los tomates cherry, las bolas de mozzarella y las hojas de albahaca en brochetas pequeñas.
c) Rocíe con aceite de oliva, glaseado balsámico, sal y pimienta.
d) Coloca las brochetas en el horno halógeno durante 5-7 minutos hasta que el queso se ablande.

25. Brochetas De Camarones Con Ajo Y Hierbas

INGREDIENTES:
- 1 libra de camarones grandes, pelados y desvenados
- 3 cucharadas de aceite de oliva
- 3 dientes de ajo, picados
- 1 cucharadita de orégano seco
- 1 cucharadita de tomillo seco
- Sal y pimienta para probar
- Rodajas de limón para servir

INSTRUCCIONES:
a) Precalienta el horno halógeno a 400°F (200°C).
b) En un bol, mezcla los camarones con aceite de oliva, ajo, orégano, tomillo, sal y pimienta.
c) Ensarte los camarones en brochetas y colóquelos en el horno halógeno durante 8 a 10 minutos hasta que estén bien cocidos.
d) Servir con rodajas de limón.

26. Espinacas y alcachofa chapuzón

INGREDIENTES:
- 1 taza de espinacas picadas congeladas, descongeladas y escurridas
- 1 lata (14 onzas) de corazones de alcachofa, escurridos y picados
- 1 taza de mayonesa
- 1 taza de queso parmesano rallado
- 1 taza de queso mozzarella rallado
- 1 cucharadita de ajo en polvo
- Chips de tortilla o baguette en rodajas para mojar

INSTRUCCIONES:
a) Precalienta el horno halógeno a 375°F (190°C).
b) En un tazón, combine las espinacas, las alcachofas, la mayonesa, el parmesano, la mozzarella y el ajo en polvo.
c) Transfiera la mezcla a una fuente apta para horno.
d) Hornee en el horno halógeno durante 15 a 20 minutos hasta que esté caliente y burbujeante. Sirva con totopos o baguette en rodajas.

27. Bruschetta con tomate y albahaca

INGREDIENTES:
- 1 baguette francesa, en rodajas
- 4 tomates grandes, cortados en cubitos
- 1/4 taza de albahaca fresca, picada
- 2 dientes de ajo, picados
- 3 cucharadas de vinagre balsámico
- 3 cucharadas de aceite de oliva
- Sal y pimienta para probar

INSTRUCCIONES:
a) Precalienta el horno halógeno a 375°F (190°C).
b) Coloque las rebanadas de baguette en la rejilla del horno y tueste durante 3-5 minutos.
c) En un bol, mezcle los tomates, la albahaca, el ajo, el vinagre balsámico, el aceite de oliva, la sal y la pimienta.
d) Vierta la mezcla de tomate sobre las rebanadas de baguette tostadas y sirva.

28. Poppers de jalapeños para horno halógeno

INGREDIENTES:
- 12 chiles jalapeños, cortados por la mitad y sin semillas
- 8 onzas de queso crema, ablandado
- 1 taza de queso cheddar rallado
- 1 taza de pan rallado
- 1 cucharadita de ajo en polvo
- 1/2 cucharadita de comino
- Rebanadas de tocino (opcional)

INSTRUCCIONES:
a) Precalienta el horno halógeno a 375°F (190°C).
b) En un bol, mezcle el queso crema, el queso cheddar, el pan rallado, el ajo en polvo y el comino.
c) Vierta la mezcla en mitades de jalapeño.
d) Si lo desea, envuélvalo con rodajas de tocino. Hornee en el horno halógeno durante 15 a 20 minutos hasta que esté burbujeante y dorado.

29. Bruschetta de champiñones

INGREDIENTES:
- 1 libra de champiñones, finamente picados
- 2 dientes de ajo, picados
- 1/4 taza de perejil fresco, picado
- 3 cucharadas de aceite de oliva
- Sal y pimienta para probar
- Rebanadas de baguette para servir

INSTRUCCIONES:
a) Precalienta el horno halógeno a 375°F (190°C).
b) En una sartén, saltee los champiñones, el ajo y el perejil en aceite de oliva hasta que los champiñones suelten su humedad.
c) Condimentar con sal y pimienta.
d) Vierta la mezcla de champiñones sobre rebanadas de baguette y caliéntela en el horno halógeno durante 5 a 7 minutos.

30.Papas fritas crujientes con calabacín

INGREDIENTES:
- 2 calabacines grandes, cortados en papas fritas
- 1 taza de pan rallado
- 1/2 taza de queso parmesano rallado
- 2 huevos batidos
- 1 cucharadita de condimento italiano
- Salsa marinara para mojar

INSTRUCCIONES:
a) Precalienta el horno halógeno a 400°F (200°C).
b) Sumerja los calabacines fritos en huevos batidos y luego cúbralos con una mezcla de pan rallado, parmesano y condimento italiano.
c) Colóquelos en la rejilla del horno y hornee durante 15-20 minutos hasta que estén dorados y crujientes.
d) Sirva con salsa marinara para mojar.

31. Brochetas de camarones cajún

INGREDIENTES:
- 1 libra de camarones grandes, pelados y desvenados
- 2 cucharadas de aceite de oliva
- 1 cucharada de condimento cajún
- 1 cucharada de jugo de limón
- Sal y pimienta para probar
- Perejil fresco para decorar

INSTRUCCIONES:
a) Precalienta el horno halógeno a 400°F (200°C).
b) En un bol, mezcle los camarones con aceite de oliva, condimento cajún, jugo de limón, sal y pimienta.
c) Ensarte los camarones en brochetas y colóquelos en el horno halógeno durante 8 a 10 minutos hasta que estén bien cocidos.
d) Adorne con perejil fresco antes de servir.

32. Brie al horno con salsa de arándanos

INGREDIENTES:
- 1 rueda de queso brie
- 1/2 taza de salsa de arándanos
- 1/4 taza de nueces picadas
- 1 cucharada de miel
- Galletas saladas o baguette en rodajas para servir

INSTRUCCIONES:
a) Precalienta el horno halógeno a 375°F (190°C).
b) Coloca el Brie en una fuente apta para horno.
c) Cubra con salsa de arándanos y nueces picadas.
d) Rocíe miel por encima y hornee durante 10 a 12 minutos hasta que el Brie esté suave. Sirva con galletas saladas o baguette en rodajas.

33. Patatas fritas con alioli de ajo

INGREDIENTES:
- 2 batatas grandes, cortadas en papas fritas
- 2 cucharadas de aceite de oliva
- 1 cucharadita de pimentón
- 1/2 cucharadita de ajo en polvo
- Sal y pimienta para probar
- Para alioli de ajo: 1/2 taza de mayonesa, 1 diente de ajo (picado), 1 cucharada de jugo de limón, sal y pimienta

INSTRUCCIONES:
a) Precalienta el horno halógeno a 400°F (200°C).
b) En un tazón, mezcle las batatas fritas con aceite de oliva, pimentón, ajo en polvo, sal y pimienta.
c) Extienda las papas fritas sobre la rejilla del horno y hornee durante 20-25 minutos hasta que estén crujientes.
d) Mezcle los ingredientes del alioli de ajo y sirva como salsa para mojar.

34. Jalapeños Rellenos con Queso Crema y Tocino

INGREDIENTES:
- 12 chiles jalapeños grandes, cortados por la mitad y sin semillas
- 8 onzas de queso crema, ablandado
- 12 rebanadas de tocino, cortadas por la mitad
- Palillos de dientes

INSTRUCCIONES:
a) Precalienta el horno halógeno a 375°F (190°C).
b) Rellena cada mitad de jalapeño con queso crema.
c) Envuelva con media rebanada de tocino y asegúrelo con un palillo.
d) Hornee en el horno halógeno durante 15 a 20 minutos hasta que el tocino esté crujiente.

35. Champiñones Portobello Rellenos Caprese

INGREDIENTES:
- 4 champiñones portobello grandes, sin tallos
- 1 taza de tomates cherry, cortados por la mitad
- 1 taza de bolas de mozzarella fresca, cortadas por la mitad
- hojas de albahaca fresca
- glaseado balsámico
- Aceite de oliva
- Sal y pimienta para probar

INSTRUCCIONES:
a) Precalienta el horno halógeno a 375°F (190°C).
b) Coloque los champiñones portobello en una bandeja para hornear.
c) Rellena cada champiñón con tomates cherry, mozzarella y albahaca.
d) Rocíe con aceite de oliva y glaseado balsámico. Hornee durante 15-18 minutos.

36. Camarones Crujientes Al Coco

INGREDIENTES:
- 1 libra de camarones grandes, pelados y desvenados
- 1 taza de coco rallado
- 1 taza de pan rallado panko
- 2 huevos batidos
- Sal y pimienta para probar
- Salsa de chile dulce para mojar

INSTRUCCIONES:
a) Precalienta el horno halógeno a 400°F (200°C).
b) En tazones separados, coloque el coco rallado y el pan rallado panko.
c) Sumerja cada camarón en huevos batidos y luego cúbralos con la mezcla de coco y pan rallado.
d) Colóquelos en la rejilla del horno y hornee durante 12-15 minutos hasta que estén dorados. Sirva con salsa de chile dulce.

37. Champiñones Con Mantequilla De Ajo

INGREDIENTES:
- 1 libra de champiñones, limpios
- 4 cucharadas de mantequilla sin sal
- 4 dientes de ajo, picados
- 1 cucharada de perejil fresco, picado
- Sal y pimienta para probar

INSTRUCCIONES:
a) Precalienta el horno halógeno a 375°F (190°C).
b) En una sartén, derrita la mantequilla y saltee el ajo picado hasta que esté fragante.
c) Agrega los champiñones, el perejil, la sal y la pimienta. Cocine durante 8-10 minutos.
d) Transfiera los champiñones a una fuente apta para horno y hornee por 5 minutos más.

38. Bocaditos de coliflor de búfalo

INGREDIENTES:
- 1 coliflor mediana, cortada en floretes
- 1/2 taza de harina
- 1/2 taza de leche
- 1 cucharadita de ajo en polvo
- 1 cucharadita de cebolla en polvo
- 1/2 taza de salsa búfalo
- Aderezo ranch o queso azul para mojar

INSTRUCCIONES:
a) Precalienta el horno halógeno a 400°F (200°C).
b) En un tazón, mezcle la harina, la leche, el ajo en polvo y la cebolla en polvo para crear una masa.
c) Sumerja los floretes de coliflor en la masa y colóquelos en la rejilla del horno.
d) Hornee durante 20-25 minutos, revolviendo hasta la mitad. Agregue la salsa búfalo antes de servir. Sirva con aderezo ranch o queso azul.

39. Palitos de mozzarella para horno halógeno

INGREDIENTES:
- 8 palitos de queso mozzarella en tiras
- 1 taza de pan rallado
- 1/2 taza de queso parmesano rallado
- 2 huevos batidos
- Salsa marinara para mojar

INSTRUCCIONES:
a) Precalienta el horno halógeno a 375°F (190°C).
b) Mezcle el pan rallado y el queso parmesano en un bol.
c) Sumerja cada barra de mozzarella en huevos batidos y luego cúbralas con la mezcla de pan rallado.
d) Colóquelo en la rejilla del horno y hornee durante 10-12 minutos hasta que esté dorado. Servir con salsa marinara.

40. Plato de hummus y verduras

INGREDIENTES:
- 1 taza de humus
- Verduras variadas (zanahorias, pepino, pimientos morrones, tomates cherry)
- Pan de pita, cortado en gajos

INSTRUCCIONES:
a) Precalienta el horno halógeno a 375°F (190°C).
b) Coloque las rodajas de pita en la rejilla del horno y caliéntelas durante 3-5 minutos.
c) Coloque el hummus en un recipiente para servir y rodéelo con una variedad de verduras y pan de pita tibio.

41. Espárragos envueltos en tocino

INGREDIENTES:
- 1 manojo de espárragos, recortados
- 8 rebanadas de tocino
- Aceite de oliva
- Sal y pimienta para probar
- Rodajas de limón para servir

INSTRUCCIONES:
a) Precalienta el horno halógeno a 375°F (190°C).
b) Envuelva cada espárrago con una rodaja de tocino.
c) Coloque los espárragos envueltos en tocino en la rejilla del horno, rocíe con aceite de oliva y sazone con sal y pimienta.
d) Hornee durante 15-20 minutos hasta que el tocino esté crujiente. Servir con rodajas de limón.

42. Bruschetta de tomate seco y pesto

INGREDIENTES:
- Rebanadas de baguette
- Tomates secos, picados
- Salsa de pesto
- Aceite de oliva
- Glaseado balsámico (opcional)
- Hojas de albahaca fresca para decorar.

INSTRUCCIONES:
a) Precalienta el horno halógeno a 375°F (190°C).
b) Coloque las rebanadas de baguette en la rejilla del horno y tueste durante 3-5 minutos.
c) Unte pesto en cada rebanada, cubra con tomates secos y rocíe con aceite de oliva.
d) Opcionalmente, rocíe con glaseado balsámico y decore con hojas de albahaca fresca antes de servir.

PLATO PRINCIPAL

43. Pollo asado con hierbas

INGREDIENTES:
- 1 pollo grande de aproximadamente 2,4 kg
- 2 cucharaditas de sal marina
- 1 cucharadita de pimienta negra
- 1 cucharadita de hierbas mixtas
- 2 cucharadas de aceite de oliva

INSTRUCCIONES:
a) Lave el ave y séquela con un paño de cocina, retire la tapa del calentador halógeno y coloque el pollo directamente en la rejilla inferior.
b) En un tazón pequeño, mezcle el aceite de oliva, la sal, la pimienta y las hierbas y, con una brocha de repostería, unte esta mezcla por todo el ave.
c) Vuelve a colocar la tapa halógena, ajusta el botón del temporizador a 60 minutos y la temperatura a 190°C y asa hasta que esté dorado. Pruebe el pollo al final del tiempo de cocción colocando una brocheta en la pierna del pollo para asegurarse de que los jugos salgan claros.
d) Si están ligeramente rosados, cocine por otros 10 minutos.
e) Utilice los jugos de cocción del pollo para hacer una deliciosa salsa.

44. Salmón con eneldo y limón

INGREDIENTES:
- 4 filetes de salmón
- 2 cucharadas de eneldo fresco, picado
- Ralladura y jugo de 1 limón
- 2 cucharadas de aceite de oliva
- Sal y pimienta para probar

INSTRUCCIONES:
a) Precalienta el horno halógeno a 400°F (200°C).
b) Coloque los filetes de salmón en la fuente apta para horno.
c) En un bol, mezcle el eneldo, la ralladura de limón, el jugo de limón, el aceite de oliva, la sal y la pimienta.
d) Vierta la mezcla sobre el salmón y hornee durante 12-15 minutos o hasta que el salmón esté bien cocido.

45. Pollo Asado Con Ajo Y Limón

INGREDIENTES:
- 1 pollo entero (alrededor de 4 a 5 libras)
- 4 dientes de ajo, picados
- Ralladura y jugo de 2 limones
- 2 cucharadas de aceite de oliva
- 1 cucharadita de tomillo seco
- Sal y pimienta para probar

INSTRUCCIONES:
a) Precalienta el horno halógeno a 375°F (190°C).
b) En un bol, mezcle el ajo picado, la ralladura de limón, el jugo de limón, el aceite de oliva, el tomillo, la sal y la pimienta.
c) Frote el pollo con la mezcla de limón y ajo, asegurándose de que quede bien cubierto.
d) Coloque el pollo en la rejilla del horno y ase durante aproximadamente 1 a 1,5 horas o hasta que la temperatura interna alcance los 165 °F (74 °C).

46. Pimientos Rellenos Vegetarianos

INGREDIENTES:
- 4 pimientos morrones grandes, cortados por la mitad y sin semillas
- 1 taza de quinua cocida
- 1 lata (15 onzas) de frijoles negros, escurridos y enjuagados
- 1 taza de granos de elote
- 1 taza de tomates cortados en cubitos
- 1 cucharadita de comino
- 1 cucharadita de chile en polvo
- 1/2 taza de queso cheddar rallado

INSTRUCCIONES:
a) Precalienta el horno halógeno a 375°F (190°C).
b) En un tazón, mezcle la quinua cocida, los frijoles negros, el maíz, los tomates, el comino, el chile en polvo y la mitad del queso cheddar rallado.
c) Rellena cada mitad de pimiento con la mezcla y cubre con el queso restante.
d) Coloque los pimientos rellenos en la rejilla del horno y hornee durante 20-25 minutos o hasta que los pimientos estén tiernos.

47. Salteado de carne y verduras

INGREDIENTES:
- 1 libra de solomillo de res, en rodajas finas
- 2 tazas de floretes de brócoli
- 1 pimiento morrón, rebanado
- 1 zanahoria, en juliana
- 1/4 taza de salsa de soja
- 2 cucharadas de salsa de ostras
- 1 cucharada de aceite de sésamo
- 2 dientes de ajo, picados
- 1 cucharada de jengibre, picado

INSTRUCCIONES:
a) Precalienta el horno halógeno a 400°F (200°C).
b) En un bol, mezcle la salsa de soja, la salsa de ostras, el aceite de sésamo, el ajo picado y el jengibre picado.
c) En un wok o sartén grande, saltee la carne hasta que se dore. Agrega las verduras y sofríe durante unos minutos.
d) Vierta la salsa sobre la carne y las verduras, revuelva bien y cocine por 5 minutos más en el horno halógeno.
e) Ajuste los tiempos de cocción según el modelo y las preferencias de su horno halógeno. ¡Disfruta de tus platos principales!

48. Lomo De Cerdo Asado Con Hierbas De Limón

INGREDIENTES:
- 2 solomillos de cerdo
- 2 cucharadas de aceite de oliva
- Ralladura y jugo de 1 limón
- 2 dientes de ajo, picados
- 1 cucharadita de romero seco
- 1 cucharadita de tomillo seco
- Sal y pimienta para probar

INSTRUCCIONES:
a) Precalienta el horno halógeno a 400°F (200°C).
b) En un bol, combine el aceite de oliva, la ralladura de limón, el jugo de limón, el ajo picado, el romero, el tomillo, la sal y la pimienta.
c) Frote los solomillos de cerdo con la mezcla y colóquelos sobre la rejilla del horno.
d) Ase durante aproximadamente 25 a 30 minutos o hasta que la temperatura interna alcance los 145 °F (63 °C).

49. Brochetas de pollo y verduras

INGREDIENTES:
- 2 pechugas de pollo deshuesadas y sin piel, cortadas en cubos
- Pimientos morrones, tomates cherry y cebollas moradas, cortados en trozos
- 2 cucharadas de aceite de oliva
- 1 cucharadita de pimentón
- 1 cucharadita de ajo en polvo
- Sal y pimienta para probar

INSTRUCCIONES:
a) Precalienta el horno halógeno a 375°F (190°C).
b) Ensarte el pollo y las verduras en las brochetas.
c) En un bol, mezcle el aceite de oliva, el pimentón, el ajo en polvo, la sal y la pimienta.
d) Unte las brochetas con la mezcla y cocine durante 15-20 minutos o hasta que el pollo esté completamente cocido.

50. Lasaña de verduras al horno halógeno

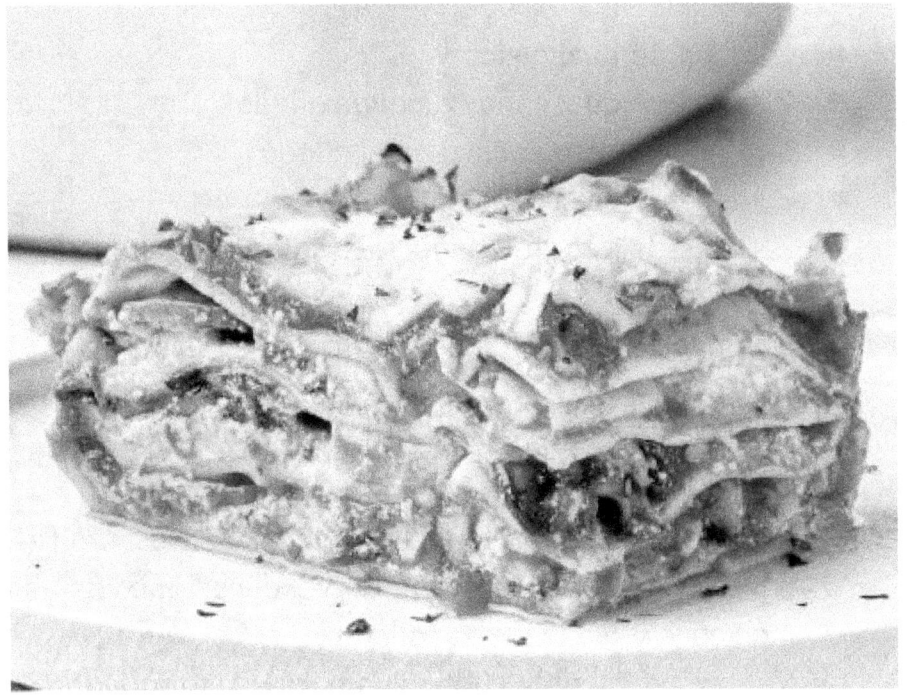

INGREDIENTES:
- Fideos para lasaña, cocidos según las instrucciones del paquete.
- 2 tazas de queso ricota
- 2 tazas de queso mozzarella rallado
- 1 taza de queso parmesano rallado
- 2 tazas de salsa marinara
- 2 tazas de vegetales mixtos (calabacín, champiñones, espinacas)
- Sal, pimienta y condimento italiano al gusto.

INSTRUCCIONES:
a) Precalienta el horno halógeno a 375°F (190°C).
b) En una fuente para horno, coloque capas de fideos para lasaña, queso ricotta, verduras mixtas, salsa marinara y mozzarella rallada.
c) Repita las capas y cubra con parmesano rallado.
d) Cubrir con papel aluminio y hornear por 30 minutos. Retire el papel de aluminio y hornee por 10 minutos más o hasta que el queso se derrita y burbujee.

51. Gambas al ajillo con linguini

INGREDIENTES:
- 1 libra de linguini, cocidos
- 1 libra de camarones grandes, pelados y desvenados
- 4 cucharadas de mantequilla sin sal
- 4 dientes de ajo, picados
- 1/2 taza de vino blanco
- Jugo de 1 limón
- Perejil fresco, picado
- Sal y pimienta para probar

INSTRUCCIONES:
a) Precalienta el horno halógeno a 400°F (200°C).
b) En una sartén, derrita la mantequilla y saltee el ajo picado hasta que esté fragante.
c) Agrega los camarones, el vino blanco y el jugo de limón. Cocine hasta que los camarones estén rosados y opacos.
d) Mezcle los linguini cocidos con la mezcla de camarones, sazone con sal, pimienta y decore con perejil fresco picado.

52. Pechuga De Pollo Rellena De Champiñones Y Espinacas

INGREDIENTES:
- 4 pechugas de pollo deshuesadas y sin piel
- 1 taza de champiñones, finamente picados
- 2 tazas de espinacas frescas, picadas
- 1/2 taza de queso feta, desmenuzado
- 2 dientes de ajo, picados
- Sal y pimienta para probar
- Aceite de oliva para cepillar

INSTRUCCIONES:
a) Precalienta el horno halógeno a 375°F (190°C).
b) En una sartén, saltee los champiñones, las espinacas, el ajo y el queso feta hasta que las espinacas se ablanden.
c) Corta un bolsillo en cada pechuga de pollo y rellénala con la mezcla de champiñones y espinacas.
d) Unte las pechugas de pollo con aceite de oliva, sazone con sal y pimienta y hornee durante 25-30 minutos o hasta que el pollo esté bien cocido.

53. Salmón Glaseado Con Miel Y Mostaza

INGREDIENTES:
- 4 filetes de salmón
- 1/4 taza de mostaza Dijon
- 2 cucharadas de miel
- 1 cucharada de salsa de soja
- 1 cucharadita de ajo en polvo
- Sal y pimienta para probar

INSTRUCCIONES:
a) Precalienta el horno halógeno a 400°F (200°C).
b) En un bol, mezcle la mostaza de Dijon, la miel, la salsa de soja, el ajo en polvo, la sal y la pimienta.
c) Unte los filetes de salmón con el glaseado de mostaza y miel.
d) Hornee en el horno halógeno durante 12 a 15 minutos o hasta que el salmón se desmenuce fácilmente con un tenedor.

54. Berenjena Parmesana Horno Halógeno

INGREDIENTES:
- 1 berenjena grande, en rodajas
- 2 tazas de salsa marinara
- 1 taza de queso mozzarella rallado
- 1/2 taza de queso parmesano rallado
- 1 taza de pan rallado
- 2 huevos batidos
- Albahaca fresca para decorar

INSTRUCCIONES:
a) Precalienta el horno halógeno a 375°F (190°C).
b) Sumerja las rodajas de berenjena en huevos batidos y luego cúbralas con pan rallado.
c) Coloque la berenjena empanizada en una fuente para horno, cubra con salsa marinara, mozzarella y parmesano.
d) Hornee durante 25-30 minutos o hasta que el queso se derrita y burbujee. Adorne con albahaca fresca antes de servir.

55. Salteado De Pollo Teriyaki

INGREDIENTES:
- 1 libra de pechugas de pollo deshuesadas y sin piel, en rodajas
- 2 tazas de floretes de brócoli
- 1 pimiento morrón, rebanado
- 1 zanahoria, en juliana
- 1/2 taza de salsa teriyaki
- 2 cucharadas de salsa de soja
- 1 cucharada de aceite de sésamo
- 1 cucharada de maicena
- Semillas de sésamo y cebollas verdes para decorar.

INSTRUCCIONES:
a) Precalienta el horno halógeno a 400°F (200°C).
b) En un bol, mezcle la salsa teriyaki, la salsa de soja, el aceite de sésamo y la maicena.
c) Sofreír el pollo y las verduras en un wok hasta que estén cocidos.
d) Vierta la salsa teriyaki sobre el pollo y las verduras, revuelva bien y cocine por 5 minutos más en el horno halógeno. Adorne con semillas de sésamo y cebollas verdes.

56. Pasta con camarones y mantequilla de ajo

INGREDIENTES:
- 1 libra de camarones, pelados y desvenados
- 8 onzas de linguini o espagueti
- 4 cucharadas de mantequilla sin sal
- 4 dientes de ajo, picados
- 1/2 taza de caldo de pollo
- 1/4 taza de crema espesa
- Sal y pimienta para probar
- Perejil fresco para decorar

INSTRUCCIONES:
a) Precalienta el horno halógeno a 400°F (200°C).
b) Cocine la pasta según las instrucciones del paquete.
c) En una sartén, derrita la mantequilla y saltee el ajo picado hasta que esté fragante.
d) Agregue los camarones, el caldo de pollo, la crema espesa, sal y pimienta. Cocine hasta que los camarones estén rosados y opacos. Sirva sobre pasta cocida y decore con perejil fresco.

57. Calabaza Bellota Rellena con Quinoa y Garbanzos

INGREDIENTES:
- 2 calabazas bellotas, partidas por la mitad y sin semillas
- 1 taza de quinua cocida
- 1 lata (15 onzas) de garbanzos, escurridos y enjuagados
- 1/2 taza de arándanos secos
- 1/4 taza de nueces picadas
- 1 cucharadita de canela
- 2 cucharadas de jarabe de arce
- Sal y pimienta para probar

INSTRUCCIONES:
a) Precalienta el horno halógeno a 375°F (190°C).
b) En un tazón, mezcle la quinua cocida, los garbanzos, los arándanos, las nueces, la canela, el jarabe de arce, la sal y la pimienta.
c) Rellena cada mitad de calabaza con la mezcla de quinua.
d) Coloca en el horno halógeno y hornea durante 25-30 minutos o hasta que la calabaza esté tierna.

58. Bacalao Al Horno Con Hierbas De Limón

INGREDIENTES:
- 4 filetes de bacalao
- 2 cucharadas de aceite de oliva
- Ralladura y jugo de 1 limón
- 2 dientes de ajo, picados
- 1 cucharadita de orégano seco
- 1 cucharadita de tomillo seco
- Sal y pimienta para probar

INSTRUCCIONES:
a) Precalienta el horno halógeno a 400°F (200°C).
b) En un bol, mezcle el aceite de oliva, la ralladura de limón, el jugo de limón, el ajo picado, el orégano, el tomillo, la sal y la pimienta.
c) Coloque los filetes de bacalao en una fuente apta para horno y unte con la mezcla de hierbas y limón.
d) Hornee durante 12 a 15 minutos o hasta que el pescado se desmenuce fácilmente con un tenedor.

59. Pechugas De Pollo Rellenas De Espinacas Y Feta

INGREDIENTES:
- 4 pechugas de pollo deshuesadas y sin piel
- 2 tazas de espinacas frescas
- 1/2 taza de queso feta desmenuzado
- 2 cucharadas de aceite de oliva
- 2 dientes de ajo, picados
- Sal y pimienta para probar

INSTRUCCIONES:
a) Precalienta el horno halógeno a 375°F (190°C).
b) En una sartén, saltee las espinacas y el ajo picado en aceite de oliva hasta que se ablanden.
c) Corta un bolsillo en cada pechuga de pollo y rellénalo con la mezcla de espinacas y queso feta.
d) Hornee en el horno halógeno durante 25 a 30 minutos o hasta que el pollo esté bien cocido.

60. Muslos De Pollo A La Barbacoa

INGREDIENTES:
- 8 muslos de pollo
- 1 taza de salsa barbacoa
- 2 cucharadas de salsa de soja
- 2 cucharadas de miel
- 1 cucharadita de ajo en polvo
- Sal y pimienta para probar
- Semillas de sésamo y cebollas verdes picadas para decorar.

INSTRUCCIONES:
a) Precalienta el horno halógeno a 400°F (200°C).
b) En un bol, mezcle la salsa barbacoa, la salsa de soja, la miel, el ajo en polvo, la sal y la pimienta.
c) Cubra los muslos de pollo con la salsa y colóquelos sobre la rejilla del horno.
d) Hornee durante 30-35 minutos o hasta que el pollo esté bien cocido, untándolo con salsa adicional a la mitad. Adorne con semillas de sésamo y cebollas verdes picadas.

61. Curry Vegetariano De Garbanzos

INGREDIENTES:
- 2 latas (15 onzas cada una) de garbanzos, escurridos y enjuagados
- 1 lata (14 onzas) de tomates cortados en cubitos
- 1 cebolla, finamente picada
- 2 dientes de ajo, picados
- 1 cucharada de curry en polvo
- 1 cucharadita de comino molido
- 1 cucharadita de cilantro molido
- 1/2 cucharadita de cúrcuma
- Sal y pimienta para probar
- 1/2 taza de leche de coco
- Cilantro fresco para decorar

INSTRUCCIONES:
a) Precalienta el horno halógeno a 375°F (190°C).
b) En una fuente para horno, combine los garbanzos, los tomates cortados en cubitos, la cebolla picada, el ajo picado, el curry en polvo, el comino, el cilantro, la cúrcuma, la sal y la pimienta.
c) Vierta la leche de coco sobre la mezcla y revuelva bien.
d) Hornee durante 25-30 minutos o hasta que esté completamente caliente. Adorne con cilantro fresco antes de servir.

62. Horneado De Salchichas Y Pimientos

INGREDIENTES:
- 1 libra de salchicha italiana, en rodajas
- 2 pimientos morrones, rebanados
- 1 cebolla, rebanada
- 1 lata (14 onzas) de tomates cortados en cubitos
- 2 dientes de ajo, picados
- 1 cucharadita de orégano seco
- 1 cucharadita de albahaca seca
- Sal y pimienta para probar
- 2 cucharadas de aceite de oliva

INSTRUCCIONES:
a) Precalienta el horno halógeno a 400°F (200°C).
b) En una fuente para horno, combine la salchicha en rodajas, los pimientos morrones, la cebolla, los tomates cortados en cubitos, el ajo picado, el orégano, la albahaca, la sal y la pimienta.
c) Rocíe con aceite de oliva y revuelva para cubrir.
d) Hornee durante 30-35 minutos o hasta que la salchicha esté bien cocida y las verduras tiernas.

63. Chuletas de Cordero con Romero y Ajo

INGREDIENTES:
- 8 chuletas de cordero
- 4 cucharadas de aceite de oliva
- 4 dientes de ajo, picados
- 2 cucharadas de romero fresco, picado
- Sal y pimienta para probar
- Rodajas de limón para servir

INSTRUCCIONES:
a) Precalienta el horno halógeno a 400°F (200°C).
b) En un bol, mezcle el aceite de oliva, el ajo picado, el romero picado, la sal y la pimienta.
c) Cubrir las chuletas de cordero con la mezcla y colocarlas sobre la rejilla del horno.
d) Hornea durante 15-20 minutos o hasta que el cordero esté cocido a tu gusto. Servir con rodajas de limón.

64. Salteado De Camarones Y Brócoli

INGREDIENTES:
- 1 libra de camarones grandes, pelados y desvenados
- 2 tazas de floretes de brócoli
- 1 pimiento rojo, rebanado
- 2 cucharadas de salsa de soja
- 1 cucharada de salsa de ostras
- 1 cucharada de aceite de sésamo
- 2 dientes de ajo, picados
- 1 cucharada de jengibre, picado
- Cebollas verdes para decorar

INSTRUCCIONES:
a) Precalienta el horno halógeno a 400°F (200°C).
b) En un bol, mezcle la salsa de soja, la salsa de ostras y el aceite de sésamo.
c) Saltee los camarones, el brócoli, el pimiento rojo, el ajo y el jengibre en un wok.
d) Vierta la salsa sobre el salteado y cocine por 5 minutos más. Adorne con cebollas verdes.

65. Kufteta búlgara asada

INGREDIENTES:
- 500 gramos de carne picada
- 1 huevo
- centro de 2 rebanadas de pan seco
- 1 cebolla pequeña (opcional)
- sal y especias al gusto (ajedrea, pimienta negra, orégano, tomillo)

INSTRUCCIONES:
a) Empiece por remojar el pan seco en agua, luego exprima el exceso de agua y agréguelo a la carne picada.
b) Incluye el huevo, la cebolla rallada (opcional) y sazona la mezcla con sal y especias como ajedrea, pimienta negra, orégano y tomillo.
c) Amasar bien la carne picada y dejar reposar en el frigorífico durante al menos 20 minutos para que absorba los sabores.
d) Con las manos mojadas, formar albóndigas con la mezcla y colocarlas en una sartén adecuada y ligeramente engrasada.
e) Coloque el molde en la rejilla superior del horno halógeno y hornee durante 10-15 minutos o hasta que las albóndigas estén doradas a 225°C.
f) Voltee las albóndigas y continúe horneando por 10 minutos más a la misma temperatura.

66. Risotto de calabaza y salvia

INGREDIENTES:
- 1 taza de arroz arborio
- 4 tazas de caldo de verduras, calentado
- 1 calabaza pequeña, pelada y cortada en cubitos
- 1 cebolla, finamente picada
- 2 cucharadas de aceite de oliva
- 1/2 taza de vino blanco seco
- 2 cucharadas de salvia fresca, picada
- 1/2 taza de queso parmesano rallado
- Sal y pimienta para probar

INSTRUCCIONES:
a) Precalienta el horno halógeno a 375°F (190°C).
b) En una fuente grande apta para horno, saltee las cebollas en aceite de oliva hasta que estén transparentes.
c) Agrega el arroz Arborio y cocina por 2 minutos. Vierta el vino blanco y cocine hasta que se evapore casi por completo.
d) Agregue la calabaza, la salvia y el caldo de verduras caliente. Revuelve bien, tapa y hornea durante 30-35 minutos o hasta que el arroz esté cremoso. Agregue el queso parmesano, la sal y la pimienta.

67. Muslos de pollo glaseados con miel y sésamo

INGREDIENTES:

- 8 muslos de pollo con hueso y piel
- 1/4 taza de salsa de soja
- 2 cucharadas de miel
- 1 cucharada de aceite de sésamo
- 2 dientes de ajo, picados
- 1 cucharada de jengibre, picado
- Semillas de sésamo y cebollas verdes en rodajas para decorar.

INSTRUCCIONES:

a) Precalienta el horno halógeno a 400°F (200°C).
b) En un bol, mezcle la salsa de soja, la miel, el aceite de sésamo, el ajo y el jengibre.
c) Unte los muslos de pollo con la salsa y colóquelos sobre la rejilla del horno.
d) Hornee durante 35-40 minutos o hasta que el pollo esté bien cocido. Adorne con semillas de sésamo y cebollas verdes.

68. Pimientos Rellenos De Pavo Molido Y Quinua

INGREDIENTES:
- 4 pimientos morrones, partidos por la mitad y sin semillas
- 1 libra de pavo molido
- 1 taza de quinua cocida
- 1 lata (14 onzas) de tomates cortados en cubitos
- 1 taza de frijoles negros, escurridos y enjuagados
- 1 cucharadita de comino
- 1 cucharadita de chile en polvo
- Sal y pimienta para probar
- Queso cheddar rallado para cubrir

INSTRUCCIONES:
a) Precalienta el horno halógeno a 375°F (190°C).
b) En una sartén, cocine el pavo molido hasta que se dore. Agregue la quinua cocida, los tomates cortados en cubitos, los frijoles negros, el comino, el chile en polvo, la sal y la pimienta.
c) Rellene cada mitad de pimiento con la mezcla de pavo y quinua y cubra con queso cheddar rallado.
d) Hornea durante 25-30 minutos o hasta que los pimientos estén tiernos y el queso derretido.

GUARNICIÓN

69. Verduras asadas

INGREDIENTES:

- 4 patatas nuevas pequeñas, con la piel lavada pero sin pelar
- 1 pimiento rojo, 1 verde, 1 amarillo y 1 naranja, sin semillas y en rodajas gruesas
- 2 cebollas blancas, en cuartos
- 10 dientes de ajo enteros y con piel aún
- 12 tomates cherry en rama
- 3 champiñones castaños grandes, cortados en cuartos
- 1 calabacín, cortado en ángulo
- 1 cucharadita de hierbas mixtas
- 2 cucharadas de aceite de oliva
- Sal marina
- Pimienta negra al gusto

INSTRUCCIONES:

a) Coloque todos los ingredientes en una fuente grande y redonda para asar, mezcle con el aceite de oliva, sazone al gusto y espolvoree sobre las hierbas mezcladas.

b) Introducir en el horno halógeno en la rejilla inferior, poner el cronómetro en 35 minutos y el mando de temperatura en 210°C.

70. Patatas Asadas

INGREDIENTES:
- 4 patatas grandes
- Aceite de oliva
- Sal marina

INSTRUCCIONES:

a) Lavar y pinchar la patata y colocar en el horno halógeno en la rejilla inferior.

b) Pon el botón del temporizador en 40 minutos y ajusta la temperatura a 200°C.

c) 3¡Retira y sirve con el aderezo de tu elección! ¡Es tan fácil como eso!

71. Soufflé De Queso Al Horno Halógeno

INGREDIENTES:

- 175 g de queso cheddar maduro, desmenuzado
- 6 huevos de gallinas camperas, separados
- 500 g de crema fresca
- pimienta de cayena al gusto
- 1 diente de ajo, machacado
- Sal marina y pimienta de cayena al gusto
- 2 cucharadas de mantequilla sin sal derretida
- 50 g de queso parmesano recién rallado
- Una pizca de nuez moscada recién rallada
- Ralladura y jugo de 1 limón

INSTRUCCIONES:

a) Coloque el queso, las yemas de huevo, la pimienta de cayena, la sal y el ajo machacado en un procesador de alimentos o licuadora (un tazón y una licuadora también servirán) y mezcle hasta que tenga una textura suave.

b) Añade la crème fraiche y bate nuevamente hasta que esté bien mezclada.

c) En un recipiente de acero inoxidable impecablemente limpio, bata las claras a punto de nieve y luego incorpórelas a la mezcla de crema fresca.

d) Cubra el interior de cada uno de los 6 moldes con mantequilla y luego espolvoree el queso parmesano para que se adhiera a los lados untados con mantequilla y la base de los moldes, sacudiendo el exceso.

e) Vierta el líquido en cada molde y llénelo hasta $\frac{3}{4}$ del nivel.
f) Colóquelo en la rejilla inferior del horno halógeno y ajuste el cronómetro a 12 minutos y el mando de temperatura a 180°C.
g) Hornee hasta que estén dorados y bien leudados.
h) Espolvorea con nuez moscada rallada y sirve inmediatamente.

72. Puré de papa al ajo rostizado

INGREDIENTES:
- 4 patatas grandes, peladas y cortadas en cubitos
- 4 dientes de ajo, pelados
- 1/2 taza de leche
- 4 cucharadas de mantequilla sin sal
- Sal y pimienta para probar
- Cebollino picado para decorar

INSTRUCCIONES:
a) Precalienta el horno halógeno a 400°F (200°C).
b) Coloque las patatas y los dientes de ajo en la rejilla del horno. Ase durante 25-30 minutos o hasta que las patatas estén tiernas.
c) En una cacerola, caliente la leche y la mantequilla hasta que estén tibias.
d) Triture el ajo asado y las papas, agregando gradualmente la mezcla tibia de leche y mantequilla. Sazone con sal y pimienta y decore con cebollino picado.

73. Coles de Bruselas asadas con ajo y parmesano

INGREDIENTES:
- 1 libra de coles de Bruselas, recortadas y cortadas por la mitad
- 2 cucharadas de aceite de oliva
- 3 dientes de ajo, picados
- 1/4 taza de queso parmesano rallado
- Sal y pimienta para probar
- Rodajas de limón para servir

INSTRUCCIONES:
a) Precalienta el horno halógeno a 400°F (200°C).
b) Mezcle las coles de Bruselas con aceite de oliva, ajo picado, queso parmesano, sal y pimienta.
c) Extienda las coles de Bruselas sobre la rejilla del horno y ase durante 20-25 minutos o hasta que estén doradas.
d) Sirva con rodajas de limón para darle un toque de frescura.

74. Dip cremoso de espinacas y alcachofas

INGREDIENTES:
- 1 paquete (10 onzas) de espinacas picadas congeladas, descongeladas y escurridas
- 1 lata (14 onzas) de corazones de alcachofa, escurridos y picados
- 1 taza de mayonesa
- 1 taza de crema agria
- 1 taza de queso parmesano rallado
- 1 taza de queso mozzarella rallado
- 2 dientes de ajo, picados
- Sal y pimienta para probar
- Chips de tortilla o baguette en rodajas para servir

INSTRUCCIONES:
a) Precalienta el horno halógeno a 375°F (190°C).
b) En un tazón, combine las espinacas picadas, los corazones de alcachofa picados, la mayonesa, la crema agria, el queso parmesano, el queso mozzarella, el ajo picado, la sal y la pimienta.
c) Transfiera la mezcla a una fuente apta para horno y hornee durante 25-30 minutos o hasta que esté caliente y burbujeante.
d) Sirva con totopos o baguette en rodajas.

75. Zanahorias asadas con hierbas

INGREDIENTES:
- 1 libra de zanahorias pequeñas
- 2 cucharadas de aceite de oliva
- 1 cucharadita de tomillo seco
- 1 cucharadita de romero seco
- Sal y pimienta para probar
- Perejil fresco para decorar

INSTRUCCIONES:
a) Precalienta el horno halógeno a 400°F (200°C).
b) Mezcle las zanahorias pequeñas con aceite de oliva, tomillo seco, romero seco, sal y pimienta.
c) Extienda las zanahorias sobre la rejilla del horno y áselas durante 20-25 minutos o hasta que estén tiernas y doradas.
d) Adorne con perejil fresco antes de servir.

76. Patatas fritas al horno dulces

INGREDIENTES:
- 2 batatas grandes, cortadas en papas fritas
- 2 cucharadas de aceite de oliva
- 1 cucharadita de pimentón
- 1 cucharadita de ajo en polvo
- Sal y pimienta para probar
- Perejil fresco para decorar

INSTRUCCIONES:
a) Precalienta el horno halógeno a 400°F (200°C).
b) Mezcle las batatas fritas con aceite de oliva, pimentón, ajo en polvo, sal y pimienta.
c) Extienda las papas fritas sobre la rejilla del horno y hornee durante 20-25 minutos o hasta que estén crujientes y doradas.
d) Adorne con perejil fresco antes de servir.

77. Pilaf de quinua y verduras

INGREDIENTES:
- 1 taza de quinua, enjuagada
- 2 tazas de caldo de verduras
- 1 cucharada de aceite de oliva
- 1 cebolla, finamente picada
- 2 zanahorias, cortadas en cubitos
- 1 pimiento morrón, cortado en cubitos
- 1 taza de guisantes congelados
- Sal y pimienta para probar
- Hierbas frescas (como perejil o cilantro) para decorar

INSTRUCCIONES:
a) Precalienta el horno halógeno a 375°F (190°C).
b) En una cacerola sofreír la cebolla picada en aceite de oliva hasta que esté transparente.
c) Agrega la quinua y el caldo de verduras. Agregue las zanahorias, el pimiento morrón y los guisantes congelados.
d) Tapa el plato y hornea durante 20-25 minutos o hasta que la quinua esté cocida y las verduras tiernas. Revuelva con un tenedor y decore con hierbas frescas antes de servir.

78. Cazuela De Brócoli Al Horno Con Queso

INGREDIENTES:
- 4 tazas de floretes de brócoli
- 1 taza de queso cheddar rallado
- 1/2 taza de mayonesa
- 1/4 taza de queso parmesano rallado
- 1 cucharadita de mostaza Dijon
- 1 diente de ajo, picado
- Sal y pimienta para probar
- Pan rallado para cubrir

INSTRUCCIONES:
a) Precalienta el horno halógeno a 375°F (190°C).
b) Cocine el brócoli al vapor hasta que esté ligeramente tierno.
c) En un bol, mezcle el queso cheddar, la mayonesa, el queso parmesano, la mostaza Dijon, el ajo picado, la sal y la pimienta.
d) Combine la mezcla de queso con el brócoli al vapor, transfiera a una fuente apta para horno, espolvoree con pan rallado y hornee durante 15 a 20 minutos o hasta que la parte superior esté dorada y burbujeante.

79. Gratinado De Coliflor Y Queso

INGREDIENTES:
- 1 cabeza de coliflor, cortada en floretes
- 1 taza de queso gruyere rallado
- 1 taza de queso cheddar rallado
- 1 taza de leche
- 2 cucharadas de harina para todo uso
- 2 cucharadas de mantequilla sin sal
- Sal y pimienta para probar
- Cebollino fresco para decorar

INSTRUCCIONES:
a) Precalienta el horno halógeno a 375°F (190°C).
b) Cocine la coliflor al vapor hasta que esté tierna.
c) En una cacerola, derrita la mantequilla, agregue la harina y agregue la leche. Revuelva hasta que espese.
d) Retire del fuego y agregue los quesos gruyere y cheddar hasta que se derrita. Combine con coliflor al vapor, transfiera a una fuente apta para horno y hornee durante 15 a 20 minutos o hasta que la parte superior esté dorada. Adorne con cebollino fresco antes de servir.

80. Patatas asadas con ajo y hierbas

INGREDIENTES:
- 2 libras de patatas baby, cortadas por la mitad
- 3 cucharadas de aceite de oliva
- 4 dientes de ajo, picados
- 1 cucharadita de romero seco
- 1 cucharadita de tomillo seco
- Sal y pimienta para probar
- Perejil fresco picado para decorar

INSTRUCCIONES:
a) Precalienta el horno halógeno a 400°F (200°C).
b) En un tazón, mezcle las papas pequeñas cortadas por la mitad con aceite de oliva, ajo picado, romero, tomillo, sal y pimienta.
c) Extienda las patatas sobre la rejilla del horno y ase durante 25-30 minutos o hasta que estén doradas y crujientes.
d) Adorne con perejil fresco picado antes de servir.

81. Espárragos al horno con parmesano

INGREDIENTES:
- 1 manojo de espárragos, recortados
- 2 cucharadas de aceite de oliva
- 1/4 taza de queso parmesano rallado
- 2 dientes de ajo, picados
- Sal y pimienta para probar
- Rodajas de limón para servir

INSTRUCCIONES:
a) Precalienta el horno halógeno a 400°F (200°C).
b) Mezcle los espárragos con aceite de oliva, parmesano rallado, ajo picado, sal y pimienta.
c) Coloque los espárragos en la rejilla del horno y hornee durante 10-12 minutos o hasta que estén tiernos.
d) Sirva con rodajas de limón para darle un toque picante.

82. Zanahorias glaceadas con miel

INGREDIENTES:
- 1 libra de zanahorias pequeñas
- 2 cucharadas de miel
- 1 cucharada de mantequilla sin sal
- 1 cucharadita de mostaza Dijon
- Sal y pimienta para probar
- Eneldo fresco para decorar

INSTRUCCIONES:
a) Precalienta el horno halógeno a 375°F (190°C).
b) En una cacerola, derrita la mantequilla, agregue la miel y la mostaza de Dijon y revuelva hasta que estén bien combinados.
c) Mezcle las zanahorias pequeñas con el glaseado de miel, sal y pimienta.
d) Transfiera a una fuente apta para horno y hornee durante 20-25 minutos o hasta que las zanahorias estén glaseadas y tiernas. Adorne con eneldo fresco antes de servir.

83. Calabaza asada con glaseado de arce

INGREDIENTES:
- 1 calabaza, pelada y cortada en cubitos
- 2 cucharadas de aceite de oliva
- 2 cucharadas de jarabe de arce
- 1 cucharadita de canela
- Sal y pimienta para probar
- Nueces picadas para decorar

INSTRUCCIONES:
a) Precalienta el horno halógeno a 400°F (200°C).
b) Mezcle la calabaza cortada en cubitos con aceite de oliva, jarabe de arce, canela, sal y pimienta.
c) Extienda la calabaza sobre la rejilla del horno y ase durante 25-30 minutos o hasta que esté tierna y caramelizada.
d) Adorne con nueces picadas antes de servir.

84. Mazorca de maíz asada con mantequilla de chile y lima

INGREDIENTES:
- 4 mazorcas de maíz, descascaradas
- 4 cucharadas de mantequilla sin sal, derretida
- Ralladura y jugo de 1 lima
- 1 cucharadita de chile en polvo
- Sal al gusto
- cilantro picado para decorar

INSTRUCCIONES:
a) Precalienta el horno halógeno a 400°F (200°C).
b) En un tazón, mezcle la mantequilla derretida, la ralladura de lima, el jugo de lima, el chile en polvo y la sal.
c) Unte el maíz con la mantequilla de chile y lima y colóquelo en la rejilla del horno.
d) Ase durante 15 a 20 minutos o hasta que el maíz esté tierno, volteándolo ocasionalmente. Adorne con cilantro picado antes de servir.

POSTRE

85. Pudín de mermelada de pan y mantequilla

INGREDIENTES:
- 75 g de mantequilla sin sal
- 75 g de pasas
- 3 cucharadas de ron oscuro
- 10 rebanadas de pan integral o blanco
- 1 cucharada de mermelada de jengibre
- 4 yemas de huevo
- 1 huevo mediano
- 3 cucharadas de azúcar en polvo
- 500ml de nata doble
- 200 ml de leche entera
- 1 cucharadita de jengibre molido
- 2 cucharadas de azúcar demarara

INSTRUCCIONES:
a) Ponga las pasas en un bol con el ron oscuro y cocine en el microondas durante 1 minuto.
b) Dejar enfriar y dejar en remojo durante 1 hora.
c) Unte con mantequilla ambos lados del pan con la mantequilla derretida.
d) Unte 1 lado de cada rebanada con la mermelada.
e) Cortar en triángulos y colocar en capas en un molde para pasteles redondo.
f) Incorpora las pasas con sabor a ron entre las capas de pan.
g) Batir las yemas y los huevos junto con el azúcar en polvo.
h) Vierta la mezcla de huevo con la nata y la leche.
i) Verter sobre el pan y dejar en remojo 4 horas.

j) Cepille la corteza con la mezcla de jengibre y azúcar demerara.
k) Colóquelo en el horno halógeno en la rejilla inferior, gire el interruptor del temporizador a 30 minutos y luego gire la perilla de temperatura a 195°C.
l) Espolvoree con azúcar demerara y espolvoree con mantequilla, luego sirva con crema fresca.

86. Pavlova de frambuesa, arándanos y moras

INGREDIENTES:
- 3 claras de huevo grandes
- 185 g de azúcar en polvo
- 2 cucharaditas de extracto de vainilla
- ½ cucharadita de vinagre de vino blanco 1 cucharadita de harina de maíz
- 1 bote de crema doble de 300ml
- 375 g de frambuesas, moras y arándanos mixtos, lavados y escurridos

INSTRUCCIONES:

a) En un tazón de acero inoxidable impecablemente limpio, bata las claras de huevo con una batidora de mano eléctrica hasta que las claras tengan una textura firme. Ahora agregue gradualmente la mitad del azúcar y bata con las claras hasta que estén bien mezcladas y con una textura brillante.

b) Incorpora el azúcar restante junto con el extracto de vainilla, el vinagre de vino blanco y la maicena.

c) Ahora coloca la mezcla en una manga pastelera con la boquilla adecuada y canaliza la mezcla de merengue, comenzando en el centro del molde de silicona y girando con movimientos circulares para cubrir toda la base. Vuelva a rodear el borde para crear un borde elevado.

d) Introducir en el horno halógeno en la rejilla inferior y programar la temperatura a 150°C y el botón del temporizador a 60 minutos.

e) El merengue debe quedar crujiente y seco al tacto, si no hornea unos minutos más.
f) Deje que se enfríe un poco en el molde de silicona antes de transferirlo a una rejilla para enfriar. Dejar enfriar por completo.
g) Cuando el merengue esté frío, bata la nata en un bol con unas varillas hasta que se formen picos firmes. Ahora colóquelo en la manga pastelera y coloque encima del merengue, luego coloque la fruta encima y sirva inmediatamente.

87. Pastel de zanahoria y plátano al horno halógeno

INGREDIENTES:
PARA EL PASTEL
- 2 plátanos grandes maduros, triturados con un tenedor 175 ml de aceite de girasol
- 150 g de azúcar moreno oscuro blando
- 4 huevos grandes, ligeramente batidos
- 125 g de zanahorias ralladas
- 115g de pasas
- 115 g de nueces, cortadas en trozos con un rodillo
- Ralladura de 2 naranjas
- Jugo de 1 naranja
- 1 cucharadita colmada de bicarbonato de sodio
- 1 cucharadita de canela molida
- 300 g de harina común

PARA EL glaseado
- 150 g de queso crema Filadelfia
- 100 g de azúcar glas tamizada
- Ralladura y jugo de 1 limón

INSTRUCCIONES:
a) Tome un molde para pastel cuadrado Judge de fondo suelto, engráselo con mantequilla, cúbralo con papel para hornear y déjelo a un lado.

b) Coloque el puré de plátano, el aceite, el azúcar, los huevos, las zanahorias, las pasas, las nueces y el jugo y la ralladura de la naranja en un tazón grande y mezcle con una cuchara de madera.

c) Tamiza la harina, el bicarbonato de sodio, la canela y el polvo para hornear sobre los ingredientes húmedos y bate con una batidora eléctrica de mano hasta que quede suave.

d) Vierta la mezcla en el molde preparado y colóquelo en el horno halógeno en la rejilla inferior y cocine durante 35 minutos a 180°C.

e) Baja el fuego a 160°C y continúa horneando durante 30-40 minutos más o hasta que el bizcocho esté bien cocido. Prueba introduciendo un destornillador metálico y si sale limpio entonces el bizcocho está listo.

f) Deje enfriar un poco en el molde durante unos 10 minutos, luego colóquelo en una rejilla para enfriar y déjelo enfriar por completo.

g) Para el glaseado batir todos los ingredientes en un bol con una cuchara de madera y verter sobre el bizcocho.

88. Mini bayas desmenuzadas

INGREDIENTES:
- 2 tazas de bayas mixtas (fresas, arándanos, frambuesas)
- 1/4 taza de azúcar granulada
- 1 cucharada de maicena
- 1 taza de avena a la antigua
- 1/2 taza de harina
- 1/2 taza de azúcar moreno
- 1/4 taza de mantequilla sin sal, derretida
- Helado de vainilla para servir

INSTRUCCIONES:
a) Precalienta el horno halógeno a 375°F (190°C).
b) En un tazón, mezcle las bayas mixtas con el azúcar granulada y la maicena. Divida la mezcla entre moldes.
c) En otro tazón, combine la avena, la harina, el azúcar moreno y la mantequilla derretida. Mezclar hasta que se desmorone.
d) Espolvorea la mezcla de avena sobre las bayas en los moldes. Hornee durante 20-25 minutos o hasta que la cobertura esté dorada.
e) Servir caliente con una bola de helado de vainilla.

89. Pasteles de lava de chocolate

INGREDIENTES:
- 1/2 taza de mantequilla sin sal
- 4 onzas de chocolate semidulce, picado
- 1 taza de azúcar en polvo
- 2 huevos grandes
- 2 yemas de huevo
- 1 cucharadita de extracto de vainilla
- 1/4 taza de harina para todo uso
- Pizca de sal
- Cacao en polvo para espolvorear

INSTRUCCIONES:
a) Precalienta el horno halógeno a 400°F (200°C).
b) En un recipiente apto para microondas, derrita la mantequilla y el chocolate. Revuelva hasta que quede suave.
c) Agrega el azúcar en polvo, los huevos, las yemas de huevo, el extracto de vainilla, la harina y una pizca de sal hasta que estén bien combinados.
d) Engrasa los moldes y rellénalos con la masa. Coloque los moldes en la rejilla del horno.
e) Hornee durante 10 a 12 minutos o hasta que los bordes estén firmes pero el centro aún esté suave.
f) Espolvorea con cacao en polvo y sirve inmediatamente.

90. Budín de pan con manzana y canela

INGREDIENTES:
- 4 tazas de pan en cubitos (el pan duro funciona bien)
- 2 manzanas grandes, peladas y cortadas en cubitos
- 1/2 taza de pasas
- 4 huevos grandes
- 2 tazas de leche
- 1/2 taza de azúcar granulada
- 1 cucharadita de extracto de vainilla
- 1 cucharadita de canela molida
- 1/4 cucharadita de nuez moscada
- Salsa de caramelo para rociar

INSTRUCCIONES:
a) Precalienta el horno halógeno a 350°F (175°C).
b) En un tazón grande, combine el pan en cubitos, las manzanas cortadas en cubitos y las pasas.
c) En otro bol, mezcle los huevos, la leche, el azúcar, el extracto de vainilla, la canela y la nuez moscada.
d) Vierte la mezcla de huevo sobre la mezcla de pan y déjala en remojo durante 15 minutos.
e) Transfiera la mezcla a una fuente para horno y hornee durante 30-35 minutos o hasta que la parte superior esté dorada.
f) Rocíe con salsa de caramelo antes de servir.

91. Zapatero de melocotón con horno halógeno

INGREDIENTES:
- 4 tazas de duraznos rebanados
- 1/2 taza de azúcar granulada
- 1 cucharada de jugo de limón
- 1 taza de harina para todo uso
- 1 taza de azúcar granulada
- 1 cucharadita de polvo para hornear
- 1/2 cucharadita de sal
- 1 taza de leche
- 1/2 taza de mantequilla sin sal, derretida
- Helado de vainilla para servir

INSTRUCCIONES:
a) Precalienta el horno halógeno a 375°F (190°C).
b) En un bol, mezcle los duraznos en rodajas con el azúcar y el jugo de limón. Extienda la mezcla en una fuente para horno engrasada.
c) En otro bol, mezcle la harina, el azúcar, el polvo para hornear, la sal, la leche y la mantequilla derretida. Vierta la masa sobre los duraznos.
d) Hornee durante 35-40 minutos o hasta que la parte superior esté dorada. Sírvalo tibio con helado de vainilla.

92. Pan de plátano y nuez

INGREDIENTES:
- 3 plátanos maduros, triturados
- 1/2 taza de mantequilla sin sal, derretida
- 1 cucharadita de extracto de vainilla
- 1 huevo batido
- 1 cucharadita de bicarbonato de sodio
- Pizca de sal
- 1 1/2 tazas de harina para todo uso
- 1/2 taza de nueces picadas

INSTRUCCIONES:
a) Precalienta el horno halógeno a 350°F (175°C).
b) En un tazón grande, mezcle el puré de plátanos con la mantequilla derretida, el extracto de vainilla y el huevo batido.
c) En otro tazón, mezcle el bicarbonato de sodio, la sal y la harina. Agregue los ingredientes secos a la mezcla de plátano y revuelva hasta que estén combinados.
d) Incorpora las nueces picadas. Vierta la masa en un molde para pan engrasado.
e) Hornea durante 50-60 minutos o hasta que al introducir un palillo éste salga limpio.

93. Horno Halógeno Brownie de nuez

INGREDIENTES:
PARA LA BASE:
- 3 huevos
- 1/2 taza de azúcar
- 2/3 taza de harina
- 3 cucharadas de ron
- nueces
- 1 vainilla en polvo (0,2 g) o esencia
- 150 g (5,3 onzas) de mantequilla
- 200 g (7 onzas) de glaseado de chocolate
- 1/2 cucharadita de polvo para hornear
- 1/2 cucharadita de sal
- 3 cucharadas de cacao

PARA LA ADORNO:
- 100 g (3,5 oz) de chocolate con leche
- 50 g (1,8 onzas) de mantequilla
- 5 cucharadas de leche
- 2 cucharadas de azúcar

INSTRUCCIONES:
a) Batir los huevos con unas varillas junto con el azúcar durante un rato.
b) Derretir el glaseado de chocolate y la mantequilla al baño maría y agregar a la mezcla de huevo y azúcar.
c) Agrega todos los demás ingredientes para la base y mezcla bien.
d) Vierte una porción de la mezcla en un molde para horno engrasado y ligeramente enharinado. Espolvorea con algunas nueces, luego repite el

proceso de capas, terminando con una capa de la mezcla para cubrir las nueces por completo.

e) Utilice una bandeja para hornear que quepa en el horno halógeno y colóquela sobre la parrilla para permitir la circulación de aire debajo.

f) Hornea el brownie a 360°F (180°C) durante 25 minutos.

g) Para la cobertura, derrita el chocolate, la mantequilla, el azúcar y la leche al baño maría.

h) Vierta la cobertura sobre la base tibia y déjela enfriar.

i) Tu brownie de nueces elaborado en horno halógeno ya está listo para disfrutar.

94. Clafoutis de cereza y almendra

INGREDIENTES:
- 1 taza de cerezas, sin hueso
- 2 cucharadas de almendras fileteadas
- 3/4 taza de harina para todo uso
- 1/2 taza de azúcar granulada
- 1/4 cucharadita de sal
- 3 huevos grandes
- 1 taza de leche
- 1 cucharadita de extracto de almendras
- Azúcar en polvo para espolvorear

INSTRUCCIONES:
a) Precalienta el horno halógeno a 375°F (190°C).
b) Engrase una fuente para horno y esparza cerezas deshuesadas y almendras fileteadas en el fondo.
c) En una licuadora, combine la harina, el azúcar, la sal, los huevos, la leche y el extracto de almendras. Mezclar hasta que esté suave.
d) Vierta la masa sobre las cerezas y las almendras. Hornee durante 30-35 minutos o hasta que esté cuajado y dorado.
e) Espolvoree con azúcar en polvo antes de servir.

95. Pudín de pan con calabaza y especias

INGREDIENTES:
- 4 tazas de pan del día anterior en cubitos
- 1 taza de puré de calabaza enlatado
- 1 taza de leche
- 1/2 taza de crema espesa
- 2/3 taza de azúcar moreno
- 2 huevos grandes
- 1 cucharadita de extracto de vainilla
- 1 cucharadita de especia de calabaza
- Sirope de arce para rociar

INSTRUCCIONES:
a) Precalienta el horno halógeno a 350°F (175°C).
b) En un tazón grande, combine el pan en cubos, el puré de calabaza, la leche, la crema espesa, el azúcar morena, los huevos, el extracto de vainilla y las especias de calabaza.
c) Deje la mezcla en remojo durante 15 minutos. Transfiera a una fuente para hornear engrasada.
d) Hornee durante 30-35 minutos o hasta que la parte superior esté dorada y el pudín cuaje. Rocíe con jarabe de arce antes de servir.

96. Barras de limón y frambuesa

INGREDIENTES:

- 1 taza de harina para todo uso
- 1/2 taza de mantequilla sin sal, ablandada
- 1/4 taza de azúcar en polvo
- 2 huevos grandes
- 1 taza de azúcar granulada
- 2 cucharadas de harina para todo uso
- 1/2 cucharadita de polvo para hornear
- 2 cucharadas de jugo de limón
- Ralladura de 1 limón
- 1 taza de frambuesas frescas
- Azúcar en polvo para espolvorear

INSTRUCCIONES:

a) Precalienta el horno halógeno a 350°F (175°C).
b) En un tazón, combine la harina, la mantequilla blanda y el azúcar en polvo. Presione la mezcla en una fuente para hornear engrasada para formar la corteza.
c) En otro bol batir los huevos y agregar el azúcar granulada, la harina, el polvo para hornear, el jugo de limón y la ralladura de limón. Mezclar hasta que esté bien combinado.
d) Vierta la mezcla de limón sobre la base y esparza frambuesas frescas encima.
e) Hornea durante 25-30 minutos o hasta que los bordes estén dorados. Deje enfriar y luego espolvoree con azúcar en polvo antes de servir.

97. Fresas bañadas en chocolate

INGREDIENTES:
- Fresas frescas, lavadas y secas.
- 8 onzas de chocolate semidulce, picado
- 2 cucharadas de mantequilla sin sal
- Granos, nueces picadas o coco rallado para cubrir

INSTRUCCIONES:
a) Precalienta el horno halógeno a 350°F (175°C).
b) En un recipiente resistente al calor, derrita el chocolate y la mantequilla. Sumerge cada fresa en el chocolate derretido.
c) Coloque las fresas bañadas en chocolate en una bandeja forrada con papel pergamino. Agregue chispas, nueces picadas o coco rallado mientras el chocolate aún esté húmedo.
d) Enfriar en el frigorífico durante 20-30 minutos o hasta que el chocolate esté cuajado.

98. Pastel de café con cobertura de Streusel

INGREDIENTES:
- 2 tazas de harina para todo uso
- 1 taza de azúcar granulada
- 1/2 taza de mantequilla sin sal, ablandada
- 1 taza de crema agria
- 2 huevos grandes
- 1 cucharadita de extracto de vainilla
- 1 cucharadita de polvo para hornear
- 1/2 cucharadita de bicarbonato de sodio
- Para la cobertura de Streusel:
- 1/2 taza de azúcar moreno
- 1/2 taza de harina para todo uso
- 1 cucharadita de canela molida
- 1/4 taza de mantequilla sin sal, derretida

INSTRUCCIONES:
a) Precalienta el horno halógeno a 350°F (175°C).
b) En un tazón grande, mezcle el azúcar y la mantequilla. Agrega la crema agria, los huevos y el extracto de vainilla, mezclando bien.
c) En un recipiente aparte, mezcle la harina, el polvo para hornear y el bicarbonato de sodio. Agregue gradualmente los ingredientes secos a los ingredientes húmedos, mezclando hasta que se combinen.
d) Vierta la masa en una fuente para horno engrasada. En un tazón pequeño, mezcle los ingredientes de la cobertura de streusel y espolvoree sobre la masa.

e) Hornee durante 30-35 minutos o hasta que al insertar un palillo en el centro, éste salga limpio.

99. Tarta De Chocolate Con Frambuesa Y Horno Halógeno

INGREDIENTES:
- 1 base de pastel prefabricada
- 1 taza de frambuesas frescas
- 8 onzas de chocolate semidulce, picado
- 1 taza de crema espesa
- 2 cucharadas de mantequilla sin sal
- Azúcar en polvo para espolvorear

INSTRUCCIONES:
a) Precalienta el horno halógeno a 350°F (175°C).
b) Hornee la base del pastel según las instrucciones del paquete. Déjalo enfriar.
c) Coloque frambuesas frescas sobre la base enfriada.
d) En una cacerola, caliente la crema espesa hasta que comience a hervir. Retire del fuego y agregue el chocolate picado y la mantequilla hasta que quede suave.
e) Vierte la mezcla de chocolate sobre las frambuesas. Enfriar en el frigorífico durante al menos 2 horas.
f) Espolvoree con azúcar en polvo antes de servir.

100. Pudin de arroz con coco

INGREDIENTES:
- 1 taza de arroz cocido
- 2 tazas de leche de coco
- 1/2 taza de azúcar
- 1/2 cucharadita de extracto de vainilla
- 1/4 cucharadita de sal
- Coco rallado para decorar

INSTRUCCIONES:
a) Precalienta el horno halógeno a 350°F (175°C).
b) En una cacerola, combine el arroz cocido, la leche de coco, el azúcar, el extracto de vainilla y la sal. Cocine a fuego medio hasta que la mezcla espese.
c) Transfiera el arroz con leche a una fuente para servir y espolvoree coco rallado encima.
d) Enfriar en el frigorífico durante al menos 2 horas antes de servir.

CONCLUSIÓN

Al concluir nuestro viaje culinario a través del "Libro de cocina definitivo sobre hornos halógenos", esperamos que haya descubierto el poder transformador y la eficiencia que conlleva cocinar en un horno halógeno. Cada receta contenida en estas páginas es una celebración de la conveniencia, velocidad y versatilidad que hacen que el horno halógeno cambie las reglas del juego en la cocina.

Ya sea que se haya maravillado con la suculencia de un pollo asado con halógeno, haya saboreado lo crujiente de los aperitivos horneados con halógeno o se haya deleitado con la simplicidad de las maravillas halógenas en una sola olla, confiamos en que estas recetas le hayan mostrado todo el potencial de su horno halógeno. . Más allá de la comodidad y la eficiencia, el arte de la cocina halógena puede convertirse en una fuente de inspiración, haciendo de su cocina un centro de innovación culinaria.

A medida que continúa explorando el mundo de la cocina halógena, que "El libro de cocina definitivo para hornos halógenos" sea su compañero de confianza, que le guiará a través de nuevas recetas, técnicas y las infinitas posibilidades que conlleva adoptar esta maravilla de la cocina moderna. Brindemos por la mejor experiencia halógena, donde la velocidad, la precisión y la delicia convergen para elevar su juego de cocina a nuevas alturas. ¡Feliz cocina!

www.ingramcontent.com/pod-product-compliance
Lightning Source LLC
Chambersburg PA
CBHW070357120526
44590CB00014B/1164